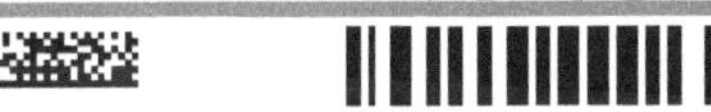

AF542327

10 février 1913

VENTE
AUX ENCHÈRES PUBLIQUES
HOTEL DROUOT - SALLE N° 11
Le Lundi 10 Février 1913

A 2 HEURES

ANTIQUITÉS
GRECQUES & ROMAINES, ARABES & PERSANES
VERRES ÉMAILLÉS & IRISÉS DE SYRIE
VASES PEINTS
Statuettes en terre cuite et en bronze
MARBRE ET ALBATRE
Bijoux et Monnaies antiques en or
FAIENCES EMAILLÉES
Tapis et Étoffes d'Orient

Me E. BOUDIN	M. J. ENKIRI
COMMISSAIRE-PRISEUR	EXPERT
14, Rue Grange-Batelière	*46, Rue de Grenelle*

EXPOSITION PARTICULIÈRE
Chez M. ENKIRI, du 6 au 8 Février, de 2 h. à 6 heures

EXPOSITION PUBLIQUE

C. Chaufour, Imprim.

CONDITIONS DE LA VENTE

La vente sera faite au comptant.

Les adjudicataires paieront *dix pour cent* en sus des enchères.

L'exposition mettant le public à même de se rendre compte de l'état et de la nature des objets, il ne sera admis aucune réclamation une fois l'adjudication prononcée.

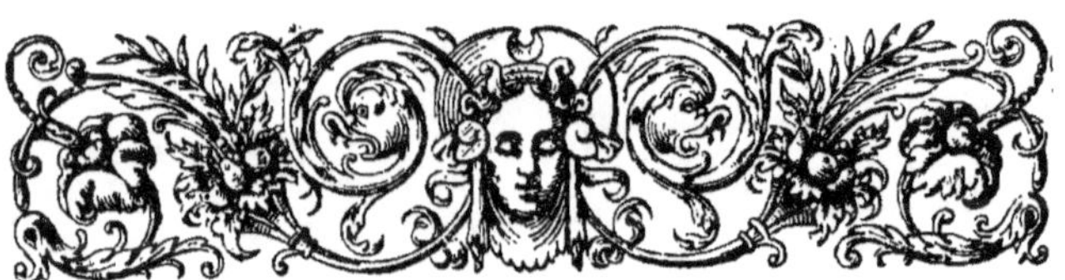

DÉSIGNATION

VERRES IRISÉS ET ÉMAILLÉS

ANTIQUES BYZANTINS ET ARABES

Chaque numéro porte l'indication de la ville ou a été trouvé l'objet désigné.

1 — Très belle œnochoé, anse large, panse longue et carrée, col bas, ouverture à double rebords. Magnifique irisation multicolore. Alep.

Haut. : $0^{m}13$.

2 — Beau vase à pied, panse pomiforme et torsadée, goulot bas à large ouverture, deux anses fines. Très bien irisé. Hama.

Haut. : $0^{m}09$.

3 — Flacon amphorisque, pied en cercle, bleu, panse côtelée, long col à large ouverture, deux anses en pâte bleue tombent du milieu du col sur la panse. Irisé. Hama.

Haut. : $0^{m}13$.

4 — Elégant flacon amphorisque à pied, panse pomiforme, col fin et long orné d'un cercle vers l'ouverture, deux anses tombent du milieu du col sur la panse. Irisé. Hama.

Haut. : 0m13.

5 — Œnochoé en pâte bleue, anse fine, bec trilobé, panse à dépressions. Irisée. Hama.

Haut. : 0m10.

6 — Beau petit chandelier en pate épaisse. Magnifique irisation rouge feu. Carmel.

Haut. : 0m07.

7 — Dix flacons fusiformes différents. Tres irisés.

Ce lot sera divisé.

8 — Six beaux petits flacons. Très irisés.

Ce lot sera divisé.

9 — Deux jolies petites bouteilles. Tres irisées.

10 — Dix sept pièces différentes. Irisées.

Ce lot sera divisé.

11 — Vase pomiforme, ouverture à larges bords en pâte rouge lie de vin, tout autour des bords des festons simulant les anses, s'enchevêtrent et tombent se poser sur le haut de la panse. Très irisé. Ptolemaïs.

Haut. : 0m09.

12 — Vase pomiforme, large ouverture à double rebords, deux anses jointes par une anse supérieure, la panse est ornée de filets et de festons en pâte bleue. Irisé. Ptolemaïs.

Haut. : 0m20.

13 — Flacon arabe orné de plaques rondes sur la panse. Damas.

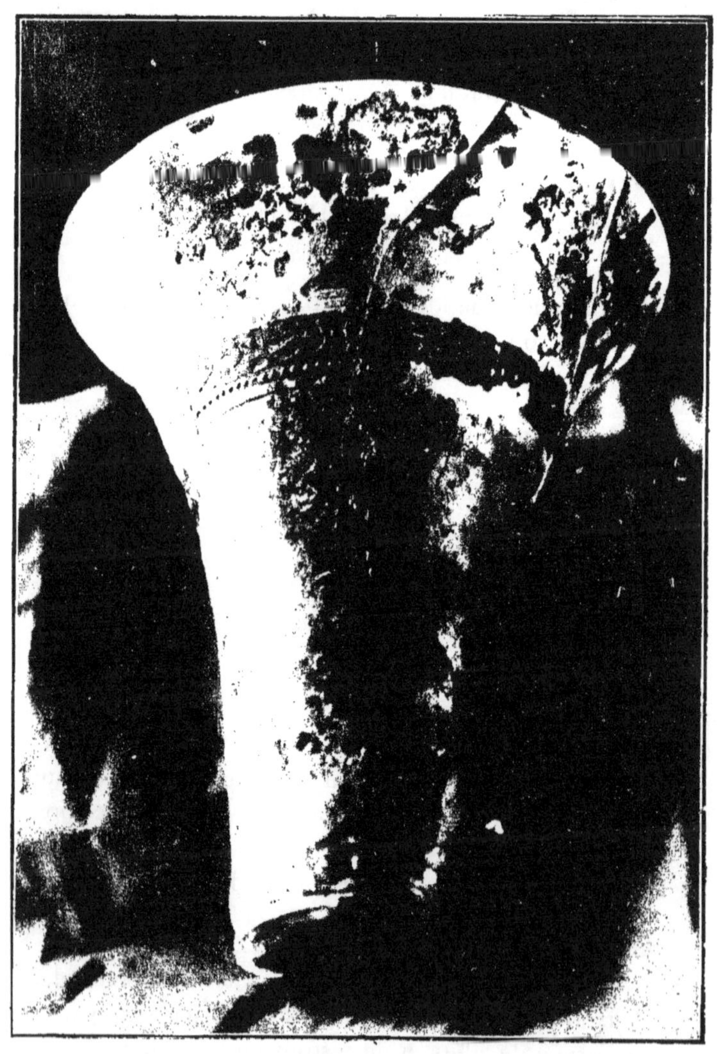

No 19

14 — Jolie petite lampe de suspension arabe. Très belle irisation intérieure. Damas.

Haut. : 0m07.

15 — Élégante amphorisque ornée de deux anses et d'un anneau sur le col, pâte bleue. Tyr

Haut. : 0m16.

16 — Œnochoé, panse rouleau et cannelée, ouverture évasée avec anse. Très irisée. Carmel.

Haut. : 0m13.

17 — Beau flacon pomiforme, large ouverture à double rebords. Très irisé.

Haut. : 0m08.

18 — Jolie bouteille arabe ornée de pointes saillantes, long col. Très irisée.

Haut. : 0m17.

19 — Magnifique gobelet arabe très évasé à l'ouverture et orné au haut de la panse, d'une inscription en caractères d'or sur fond bleu lapis. Très belle irisation.

Haut. : 0m18.

Cette belle pièce a dû appartenir à un des Califes de Damas au XIIIe siècle.

20 — Douze très beaux verres, très irisés, provenant d'un temple romain près de Césarée (Palestine).

Ce lot sera divisé.

21 — Joli flacon forme pomme de sapin. Très irisé.

Haut. : 0m09

22 — Œnochoé piriforme à anse, col et ouverture à larges bords. Très irisée.

Haut. : [illegible]

23 — Beau vase, panse côtelée à large ouverture. Très belle irisation argentée.

Haut. : 0^m06.

24 — Bouteille et flacon piriforme très irisé.

Deux pièces.

25 — Gobelet et bouteille bleue. Irisés.

Deux pièces.

26 — Œnochoé, bec trilobé, panse piriforme, ornée de cercles saillants. Très irisée.

Haut. : 0^m13.

27 — Petite amphore grecque en pâte noire, opaque, ornée de cercle et de dessins jaunes coulés dans la pâte.

Haut. : 0^m06.

28 — Petite bouteille arabe en pâte rouge grenat, ornée de dessins blancs incrustés.

Haut. : 0^m09

29 — Joli petit gobelet arabe à pied et orné de cercles en creux. Magnifique irisation perlée.

Haut. : 0^m06.

30 — Flacon rouge. Très irisé.

Haut. : 0^m09.

31 — Lécythe à petit pied avec anse, bec trilobé, en pâte bleue foncée, la panse est ornée de dessins et de cercles en couleur. Travail grec.

Haut. : 0^m07.

32 — Joli petit flacon très irisé.

Haut. : 0^m07.

34 — Quatre colliers en perles irisées et en pierres dures.

35 — Flacon à large ouverture. Très bien irisé.

Haut.: 0m09.

36 — Gobelet à pied. Très bien irisé.

Haut.: 0m10.

37 — Flacon piriforme, la panse est ornée de pointes saillantes. Très bien irisé.

Haut. : 0m09.

38 — Jolie petite lampe de mosquée en pâte bleue. Très bien irisée.

Haut. : 0m05. Diam. : 0m08.

39 — Jolie petite lampe de mosquée. Très irisée.

Haut. : 0m04; Diam. : 0m08.

40 — Élégant flacon à pied, panse piriforme très élancée, col fin s'évasant vers le bord. Très irisé. Alep.

Haut. : 0m23.

41 — Belle œnochoé à pied, panse longue et piriforme avec anse; large col orné d'un anneau large et torsadé, ouverture évasée à double rebords. Très irisée. Alep.

Pièce très intéressante et rare.

Haut. : 0m27.

42 — Trois colliers de perles de couleur.

TERRES CUITES ANTIQUES

43 — Deux petites lampes basses différentes.

44 — Buste de Prêtresse phénicienne, les mains posées sur les épaules.

Haut. : 0^{m}14.

45 — Cinq petites têtes différentes.

46 — Femme assise drapée.

Haut. : 0^{m}16.

47 — Femme debout nue, adossée.

Haut. : 0^{m}18.

48 — Jeune femme assise et jouant de la harpe.

Haut. : 0^{m}10.

49 — Eros les ailes déployées et les mains soulevant une draperie.

Pièce intéressante.

Haut. : 0^{m}12.

50 — Jeune femme les bras levés, dans l'attitude de la danse.

Haut. : 0^{m}12.

51 — Vieux Pan drapé et assis, il joue de son instrument.

Haut. : 0^{m}13.

52 — Femme debout drapée, la tête coiffée et les bras allongés dans une attitude hiératique.

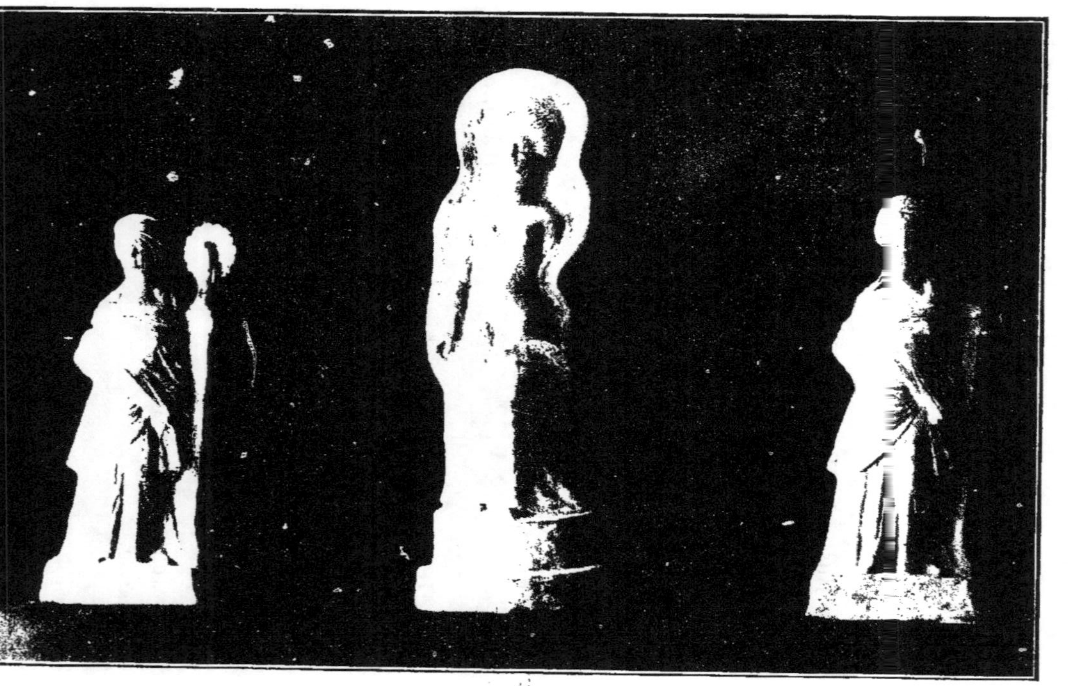

N° 68 N° 71 N° 69

53 — Femme nue sur une chaire.

54 — Deux figurines grotesques.

55 — Quatre petites têtes différentes.

56 — Deux statuettes : Vieux Pan et femme drapée.

57 — Petit enfant assis sur un animal à tête de mouton.

Haut. : 0m07.

58 — Eros les ailes déployées et assis sur un animal marin.

Pièce intéressante et rare.

Haut. : 0m11.

59 — Deux statuettes : Femmes assises, drapées, les mains sur les genoux.

Haut. : 0m17. Haut. : 0m19.

60 — Deux bustes de femme.

61 — Charmante statuette : Jeune femme debout et drapée.

Haut. : 0m19.

62 — Deux statuettes : Jeunes filles debout sur un socle, portant tunique, les mains tenant des fruits.

Haut. : 0m17.

63 — Deux statuettes : Jeunes femmes debout et drapées, poses différentes.

Haut. : 0m12. Haut. : 0m14.

64 — Jeune homme debout, la tête coiffée d'un chapeau, le corps couvert d'une tunique courte ; la main droite est ramenée sur la poitrine et porte un instrument de tisserand.

Haut. : 0m23.

65 — Charmante statuette représentant une jeune femme debout sur un socle, la tête coiffée est tournée du côté droit ; la jambe droite légèrement portée en avant, la main gauche tenant un disque posé sur le bras. La tunique est souple et la figure est nette et finement modelée.

Haut. : 0m25.

66 — Disque orné en relief de deux femmes nues assises vis-à-vis.

Diam. : 0m18.

Pièce intéressante.

67 — Jolie figurine de femme voilée et drapée tenant un éventail.

Haut. : 0m29.

68 — Jolie figurine de femme ajustant son voile et s'accoudant sur un cippe.

Haut. : 0m34.

69 — Charmante figurine de femme ajustant son voile et s'accoudant sur un cippe lequel est surmonté d'un paon.

Haut. : 0m33.

70 — Jolie figurine de femme ajustant son voile et tenant un éventail.

Haut. : 0m30.

71 — Grande et belle figurine de femme, la tunique ouverte sur le corps.

Haut. : 0m45.

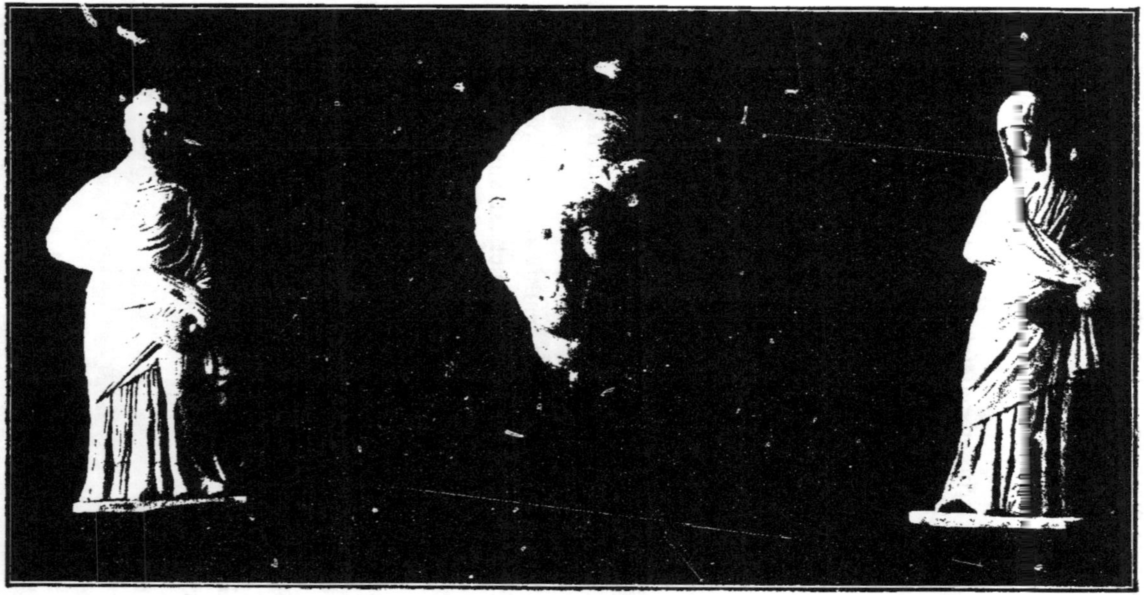

N° 70

N° 108

N° [illegible]

N° 99

N° 93

N° 92

VASES PEINTS ANTIQUES

72 — Petit lécythe à décors noirs sur fond jaune foncé à palmettes

Haut. : 0m13.

73 — Petit lécythe, décor clair sur fond noir : « Le Génie féminin allumant le feu sacré ».

Haut. : 0m12.

74 — Lécythe piriforme, décor clair sur fond noir représentant des femmes, un génie et des palmettes.

Haut. : 0m13

75 — Œnochoé trilobée anse surélevée, décor noir et rouge sur fond clair : Palmettes et cercles.

Haut. : 0m12.

76 — Petit vase sifflet, dessin rouge sur fond clair : Chèvre broutant.

Haut. : 0m08.

77 — Coupe à anse, décors rouges sur fond blanc crème formés de cercles, barres et insecte.

Haut. : 0m06; Diam. : 0m15.

78 — Amphore noire à deux anses, décor en creux : Palmettes et cercles.

Haut. : 0m19.

79 — Deux aryballes de même grandeur : décor rouge sur fond clair : Animal les ailes déployées à figure humaine regardant une oie.

Haut. : 0m15.

80 — Aryballe, décor rouge brique et noir sur fond clair : Oiseau à figure humaine, les ailes largement déployées.

Haut. : 0m13.

81 — Aryballe, décor rouge brique et noir sur fond clair : Un cygne entre deux oiseaux à figure humaine.

Haut. : 0m12.

82 — Petit aryballe, dessin noir sur fond clair : Chèvre broutant.

Haut. : 0m06.

83 — Petit vase sifflet, décor noir sur fond clair : Oiseau à tête humaine et une oie.

Haut. : 0m08.

84 — Vase sifflet, décor rouge sur fond clair : Une immense abeille.

Haut. : 0m22.

85 — Lécythe, décor rouge sur fond clair : Homme et femme.

Haut. : 0m23.

86 — Lécythe, décor rouge clair sur fond noir : Génie ailé et vase à sacrifice.

Haut. : 0m14.

87 — Cratère à deux anses, décor noir sur fond rouge clair : Personnages et sphinx ailés.

Haut. : 0m13 ; Diam. : 0m16.

88 — Idri à deux anses, décor linaire noir sur fond clair.

Haut. : 0m08 ; Diam. : 0m16.

89 — Lécythe rouge clair, décor en creux : Cercles et feuillage.

Haut. : 0m19.

90 — Quatre vases différents.

BRONZES ANTIQUES

91 — Trois statuettes égyptiennes : Horus et autres.

92 — Apis, le disque entre les cornes. Socle marbre.

Belle pièce.

Haut. : 0m10.

93 — Hercule vieux. Socle marbre.

Haut. : 0m08.

94 — Femme assise allaitant un enfant.

Haut. : 0m07.

95 — Bacchus enfant tenant une grappe de raisin.

Haut. : 0m05.

96 — Joli petit buste de femme.

Haut. : 0m05.

97 — Vénus nue regardant une pomme qu'elle tient dans sa main droite. Socle en marbre.

Très jolie statuette finement modelée.

Haut. : 0m12.

98 — Un petit pied chaussé de sandale et un outil à sacrifice.

Deux pièces.

99 — Taureau primitif.

Haut. : 0m08.

100 — Mercure en Terme.

101 — Terme de faune.

102 — Déesse portant un pigeon.

Haut. : 0m09.

103 — Jeune esclave portant un disque.

Haut. : 0m10.

104 — Jupiter tenant ses attributs.

Haut. : 0m10.

105 — Lanceur de disque. Socle en marbre.

Très belle statuette athénienne.

Haut. : 0m13.

106 — Buste de Cérès, dont la coiffure est surmontée d'une corbeille de fruits et d'épis. Socle en marbre.

Trés beau travail athénien.

Haut. : 0m15.

107 — Miroir, long 0m26, et anse de vase orné d'un Génie ailé.

Deux pièces.

107 *bis* — Petite tête de Vénus diadémée.

Haut. : 0m03.

MARBRES & ALBATRES ANTIQUES

108 — Très jolie tête de jeune fille en marbre de Paros.

Haut. : 0m16.

109 — Vénus drapée, la main droite tient le carquois, et sur l'épaule gauche un Amour lui tire l'oreille.

Cette jolie statuette en marbre, trouvée à Tyr, est un très intéressant spécimen de l'art antique syrien.
Elle est très bien conservée.

Haut. : 0m21.

110 — Astartée pudique. Albâtre. Liban.

Cette statuette est rare, et date de l'époque primitive de la Phénicie.

Haut. : 0m20.

111 — Pan assis sur un rocher et jouant de sa flûte.

Haut. : [illegible]

112 — Pied chaussé de la sandale.

113 — Torse en marbre noir et sarcophage portant inscription.

Deux pièces.

BIJOUX & MONNAIES EN OR

114 — Seize paires de boucles d'oreilles différentes.

Ce lot sera divisé.

115 — Une monnaie or Séverus. Six monnaies or byzantines. Monnaies or arabes.

FAIENCES ARABES DE SYRIE

116 à 121 — Trois petites étoiles, deux lampes basses, deux briks trilobés, un Amour, une petite potiche, un petit plat et un vase à large ouverture. Très irisés.

122 — Un grand bol à reflets métalliques.

Très belle pièce rare.

123 — Plusieurs beaux plats très irisés.

Ce lot sera divisé.

124 — Une belle coupe très grande et très haute en émail bleu turquoise.

FAIENCES DE PERSE & DE KUTAYET

125 — Douze potiches, décor bleu sur fond blanc.

Ce lot sera divisé.

126 — Douze assiettes en ancienne faïence de Kutayet.

OBJETS DIVERS

127 — Huit cadres incrustés d'ivoire. Ancien travail persan.

Ce lot sera divisé.

128 — Cinq bols en cuivre, dont deux ornés d'inscriptions. Ancien travail arabe.

129 — Trois chapelets ambre, os ajouré, corail et autres matières dures. Ancien travail de la Chine.

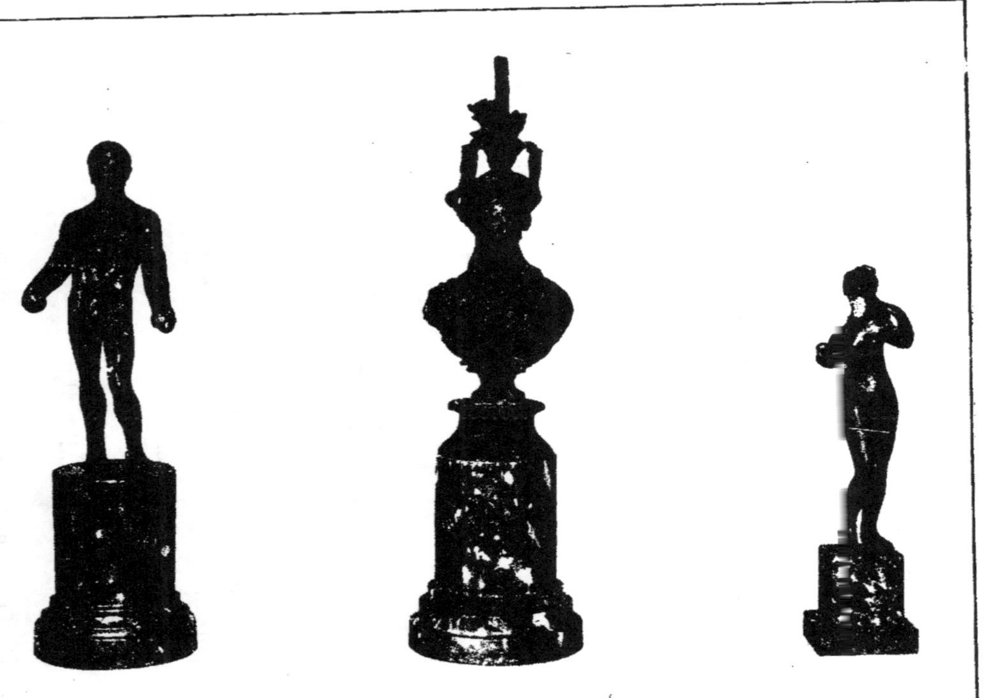

N° 105 N° 106 N° 97

TAPIS, ÉTOFFES D'ORIENT

130 — Douze tapis de Perse d'Anatolie et de Boukara.

Ces tapis seront vendus séparément.

131 — Étoffes d'Orient.

Seront vendues par petits lots.

132 — Étoffes brodées et peintes de la Chine.

133 — Objets omis.

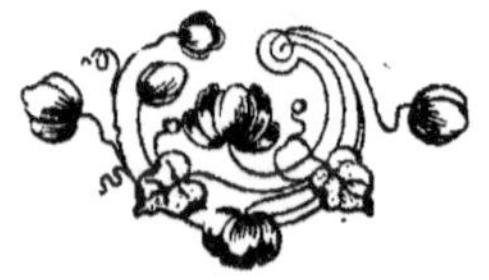

9.951 846092LV00002B/774 [431374788]